RÈGLEMENT

POUR

LES ENFANS QUI FRÉQUENTENT

LES

ÉCOLES CHRÉTIENNES.

NOUVELLE ÉDITION,

CORRIGÉE ET AUGMENTÉE DE LEÇONS LATINES.

A DIJON,

CHEZ DOUILLIER, IMPRIMEUR DE MONSEIGNEUR L'ÉVÊQUE,
RUE PORTELLE. 1823.

ALPHABET.

✠ a b c d e f g h
i j k l m n o p q r
s ſ t u v x y z &

LETTRES DOUBLES.

æ œ fi ffi fl ffl

LETTRES CAPITALES.

A B C D E F G H I J K L M
N O P Q R S T U V X Y Z
Æ Œ W.

VOYELLES.

a e i o u et y.

(3)

Ba be bi bo bu
Ca ce ci co cu
Da de di do du
Fa fe fi fo fu
Ga ge gi go gu
La le li lo lu
Ma me mi mo mu
Na ne ni no nu
Pa pe pi po pu
Qua que qui quo quu
Ra re ri ro ru
Sa se si so su
Ta te ti to tu
Va ve vi vo vu

Xa xe xi xo xu
Za ze zi zo zu
Ab eb ib ob ub
Ac ec ic oc uc
Ad ed id od ud
Af ef if of uf
Ag eg ig og ug
Al el il ol ul
Abs ebs ibs obs ubs
Als els ils ols uls
Ams ems ims oms ums
Bab beb bib bob bub
Dad ded did dod dud
Lal lel lil lol lul
Pap pep pip pop pup

Rar rer rir ror rur
Sas ses sis sos sus
Vas ves vis vos vus
Pa pa. ma man. na nan.
da da. tou tou. jou jou.
gâ teau. jar din. rai sin.
a bri cot. ba lan ce. con-
fi an ce. brû lu re. con-
fi tu re. noi set te. ros si-
gnol. ré glis se. ri di cu-
le. ar ti fi ce. bé né fi ce.
hu mi li té. do ci li té.
hon nê te té. bien veil-
lan ce. ex tra va gan ce.
il lu mi na ti on.

PREMIÈREMENT.

Re-tour-nez de l'é-co-le à la mai-son sans vous ar-rê-ter par les ru-es, mo-des-te-ment, c'est-à-di-re, sans cri-er ni of-fen-ser per-son-ne. Au con-trai-re, si l'on vous in-ju-rie et of-fen-se, en-du-rez-le pour l'a-mour de No-tre-Sei-gneur, et di-tes en vous-mê-me, Di-eu vous don-ne la grâ-ce de vous re-pen-tir de vo-tre fau-te, et vous par-don-ne com-me je vous par-don-ne.

2. Gar-dez-vous bi-en de ju-rer, de blas-phé-mer, ni de

di-re des pa-ro-les sa-les et vi-lai-nes, ni de fai-re au-cu-ne ac-ti-on dés-hon-nê-te.

3. Quand vous pas-sez de-vant quel-que Croix, ou q[...] I-ma-ge de No-tre Sei-gneur, de No-tre Da-me, ou des Saints, fai-tes une in-cli-na-ti-on, le-vant le cha-peau, ou au-tre-ment.

4. Quand vous ren-con-tre-rez quel-que per-son-ne de vo-tre con-nois-san-ce, sa-lu-ez-la le pre-mi-er, par-ce que c'est une ac-ti-on d'hon-nê-te-té.

5. Sa-lu-ez les per-son-nes

que vous ren-con-tre-rez, se-lon la cou-tu-me du li-eu, et se-lon l'ins-truc-ti-on qu'on vous au-ra don-né-e.

6. Quand vous en-tre-rez chez vous ou en quel-qu'au-tre mai-son, fai-tes une in-cli-na-ti-on, sa-lu-ant ceux que vous y trou-ve-rez.

7. Quand vous com-men-ce-rez quel-que ou-vra-ge, ou quel-que bon-ne ac-ti-on, fai-tes dé-vo-te-ment le si-gne de la sain-te Croix, a-vec in-ten-ti-on de fai-re, au nom de Di-eu et pour sa gloi-re, ce que vous al-lez fai-re.

8. Quand vous par-lez a-vec des per-son-nes res-pec-ta-bles, ré-pon-dez hon-nê-te-ment, a-vec po-li-tes-se : oui, Mon-si-eur, ou Ma-da-me : non, Mon-si-eur, etc. se-lon qu'on vous in-ter-ro-ge-ra.

9. Si ceux qui ont pou-voir sur vous, vous com-man-dent quel-que cho-se qui soit hon-nê-te, et que vous puis-si-ez fai-re, obé-is-sez-leur vo-lon-ti-ers et promp-te-ment.

10. Si l'on vous com-man-doit de di-re quel-ques pa-ro-les, ou de fai-re quel-que

ac-ti-on mau-vai-se, ré-pon-dez que vous ne le pou-vez point fai-re, d'au-tant que ce-la dé-plaît à Di-eu.

11. Quand vous vou-drez dî-ner ou sou-per, la-vez-vous pre-mi-è-re-ment les mains; puis di-tes le Bé-ne-di-ci-te, ou au-tre Bé-né-dic-ti-on, a-vec pi-é-té et mo-des-tie.

12. Lors-que vous vou-drez boi-re, pro-non-cez tout bas le Saint nom de Jé-sus.

13. Tou-tes les fois que vous nom-me-rez, ou en-ten-drez nom-mer Jé-sus ou Ma-

RIE, vous fe-rez une pe-ti-te in-cli-na-ti-on.

14. Gar-dez-vous bien, à ta-ble ou ail-leurs, de de-man-der, de pren-dre et de sous-trai-re en ca-chet-te, ou au-tre-ment, ce qu'on au-ra don-né à man-ger aux au-tres, et mê-me vous ne le de-vez pas re-gar-der a-vec en-vie.

15. Quand on vous don-ne-ra quel-que cho-se, re-mer-ci-ez hon-nê-te-ment ce-lui ou cel-le qui vous l'au-ra don-né.

16. Ne vous as-se-yez

point à ta-ble, si l'on ne vous le com-man-de.

17. Man-gez et bu-vez dou-ce-ment et hon-nê-te-ment, sans a-vi-di-té et sans ex-cès.

18. A la fin de cha-que re-pas, di-tes dé-vo-te-ment les grâ-ces, et a-près la-vez-vous en-co-re les mains.

19. Ne sortez point de la maison sans demander et sans obtenir congé.

20. N'allez point avec les enfans vicieux et méchans, car ils vous peuvent nuire pour le corps et pour l'ame.

21. Quand vous avez emprunté quelque chose, rendez-le de bonne heure, et n'attendez pas qu'on vous le demande.

22. Lorsque vous aurez à parler à quelque personne respectable qui sera occupée, présentez-vous modestement, attendant qu'elle ait loisir de vous parler, et qu'elle vous demande ce que vous lui voulez.

23. Si quelqu'un vous reprend, ou vous donne quelque avertissement, remerciez-le poliment.

24. Ne tutoyez personne, non pas même les serviteurs et servantes, ni les pauvres aussi.

25. Allez au-devant de ceux qui entrent chez vous, soit domestiques, soit étrangers, pour les saluer, et les recevoir.

26. Si quelqu'un de ceux de la maison, ou autre, dit ou fait quelque chose de déshonnête, ou indigne d'un chrétien, en votre présence, reprenez-le avec douceur.

27. Quand les pauvres demandent à votre porte, priez

votre père ou votre mère, ou ceux chez qui vous demeurez, de leur faire l'aumône pour l'amour de Dieu.

28. Le soir avant que de vous aller coucher, après avoir souhaité le bonsoir à vos père et mère, ou autres, mettez-vous à genoux auprès de votre lit, ou devant quelqu'Image, et dites les prières marquées dans les devoirs des familles chrétiennes. Après, prenez de l'eau bénite et faites le signe de la sainte Croix.

29. Le matin en vous levant, faites le signe de la

sainte Croix, et étant habillé, mettez-vous à genoux et dites les prières marquées en la page susdite. Après, allez donner le bonjour à vos père et mère, et autres de la maison.

30. Tous les jours, si vous le pouvez, entendez la sainte Messe dévotement, et à genoux ; et levez-vous quand le Prêtre dit l'Evangile.

31. Quand vous entendrez sonner l'Ave Maria, récitez dévotement l'Angelus.

32. Soyez toujours prêt à aller volontiers à l'école, et apprenez soigneusement les

choses que vos maîtres vous enseignent; soyez-leur bien obéissant et respectueux.

33. Gardez-vous bien de mentir en quelque manière que ce soit : car les menteurs sont les enfans du démon, qui est le père du mensonge.

34. Sur-tout gardez-vous de dérober aucune chose, ni chez vous, ni ailleurs; parce que c'est offenser Dieu; c'est se rendre odieux à chacun, et prendre le chemin d'une mort infame.

35. Présentez-vous volontiers et souvent à la confes-

sion et à la communion, y étant bien préparé, afin que vous deveniez à toute heure plus dévot et plus sage, fuyant le péché, et acquérant les vertus.

36. Enfin tous vos principaux soins et désirs, tandis que vous vivez en ce monde, doivent viser à vous rendre agréable à Dieu, et à ne le point offenser, afin qu'après cette vie mortelle vous puissiez éviter l'enfer et posséder la gloire du Paradis. Ainsi soit-il.

Les bénédictions que Dieu donne aux enfans qui sont pieux et respectueux envers leurs pères et mères.

Honore ton père et ta mère, afin que tu vives long-temps sur la terre. Cette première bénédiction donne l'espérance d'une longue et heureuse vie.

Celui qui honore son père et sa mère sera joyeux et content en ses enfans, et sera exaucé au temps de son oraison.

Cette bénédiction promet l'allégresse et le contentement que l'on reçoit des enfans de qui nous avons l'exemple en Joseph fils de Jacob, qui pour avoir été obéissant à son père, et pour l'honneur qu'il lui avoit rendu, reçut des joies et des contentemens très-grands de ses propres enfans, lesquels furent aussi bénis de Jacob leur grand-père, en la présence de Joseph leur père.

Celui qui honore son père et sa mère, s'amasse un trésor au ciel et en la terre.

Cette bénédiction regarde les biens spirituels et temporels que Dieu donne aux bons enfans, de quoi Salomon nous servira d'exemple, lequel porta toujours beaucoup d'honneur à son père et à sa mère : c'est pourquoi il vécut très-heureux et très-riche, sur un trône florissant; comme Absalon son frère pour avoir désobéi et maltraité son père, fut percé de trois dards, et tué par Joab, général de l'armée de David. Celui qui honore son père et sa mère, sera rempli de grâces célestes jusqu'à la fin. Cette bénédiction concerne les biens spirituels, de laquelle nous avons un merveilleux exemple en Jacob, fils d'Isaac, qui ayant été béni de son père, fut élu de Dieu et très-agréable à sa divine Majesté, et rempli de toutes sortes de grâces. Au contraire, son frère Esaü fut malheureux et réprouvé. Honore ton père, afin que la bénédiction du ciel descende sur toi, et que tu sois béni. Dieu donne particulièrement cette bénédiction aux enfans obéissans. Mais qu'est-ce autre chose être béni de Dieu, sinon recevoir de lui sa sainte grâce, par le moyen de laquelle nous lui agréons comme ses enfans.

Malédictions que Dieu fulmine sur les enfans qui ne portent ni honneur ni obéissance à leurs pères et mères.

Que celui qui maudira son père ou sa mère meure de mauvaise mort, et que son sang soit sur lui : cette malédiction est confirmée par la bouche de Dieu.

Auquel lieu Dieu commande que si quelque père est si malheureux que d'engendrer un fils désobéissant, rebelle et pervers, que tout le peuple de la ville massacre à coups de pierres ce méchant enfant, et le fasse mourir. A ces paroles, maudit soit celui qui n'honore pas son père et sa mère, le peuple répondit,

Amen.

† *Au nom du Père, et du Fils, et du Saint-Esprit. Ainsi soit-il.*

L'ORAISON DOMINICALE.

Notre Père, qui êtes dans les Cieux, que votre nom soit sanctifié; que votre règne arrive; que votre volonté soit faite en la Terre comme au Ciel. Donnez-nous aujourd'hui notre pain de chaque jour; et pardonnez-nous nos offenses comme nous pardonnons à ceux qui nous ont offensés; et ne nous laissez point succomber en la tentation; mais délivrez-nous du mal. Ainsi soit-il.

LA SALUTATION ANGÉLIQUE.

Je vous salue, MARIE, pleine de grâce, le Seigneur est avec vous; vous êtes bénie entre toutes les femmes, et JÉSUS, le fruit de vos entrailles, est béni.

Sainte Marie, mère de Dieu, priez pour nous, pauvres pécheurs, maintenant et à l'heure de notre mort. Ainsi soit-il.

LA PROFESSION DE FOI.

Je crois en Dieu, le Père tout-puissant, Créateur du Ciel et de la Terre; et en Jésus-Christ son fils unique, Notre-Seigneur, qui a été conçu du Saint-Esprit, est né de la Vierge Marie : a souffert sous Ponce-Pilate : a été crucifié, est mort et a été enseveli : est descendu aux Enfers, le troisième jour est ressuscité des morts : est monté aux Cieux, est assis à la droite de Dieu le Père tout-puissant, d'où il viendra juger les vivans et les morts.

Je crois au Saint-Esprit; la sainte Eglise catholique; la communion des Saints; la rémission des péchés;

la résurrection de la chair; la vie éternelle. Ainsi soit-il.

LA CONFESSION DES PÉCHÉS.

Je confesse à Dieu tout-puissant, à la bienheureuse Marie, toujours Vierge, à Saint Michel Archange, à Saint Jean-Baptiste, aux Apôtres Saint Pierre et Saint Paul, à tous les Saints, et à vous, mon Père, que j'ai beaucoup péché par pensées, par paroles, par actions et par omissions; c'est ma faute, c'est ma faute, ma très-grande faute. C'est pourquoi je supplie la bienheureuse MARIE, toujours Vierge, Saint Michel Archange, Saint Jean-Baptiste, les Apôtres Saint Pierre et Saint Paul, tous les Saints, et vous, mon Père, de prier pour moi le Seigneur notre DIEU.

Que DIEU tout-puissant nous fasse miséricorde ; et que nous ayant pardonné nos péchés, il nous conduise à la vie éternelle. Ainsi soit-il.

PRIÈRE DE SAINT BERNARD
A LA TRÈS-SAINTE VIERGE.

SOUVENEZ-VOUS, ô très-pieuse Vierge Marie! qu'on n'a jamais ouï dire qu'aucun ait été délaissé de tous ceux qui ont eu recours à votre protection, imploré votre secours et demandé vos suffrages. Animé de cette confiance, ô Vierge, Mère des Vierges! je cours et je viens à vous; et gémissant sous le poids de mes péchés, je me prosterne à vos pieds. O Mère de Jésus mon Sauveur! ne méprisez pas mes prières, mais écoutez-les favorablement, et faites que Dieu m'exauce et me pardonne mes fautes par votre intercession. Ainsi soit-il.

BENOIT XIII a accordé cent ans d'indulgence, toutes les fois que l'on récitera dévotement cette prière.

BÉNIE soit la très-pure, très-sainte et très-immaculée Conception de la glorieuse Vierge Marie, Mère de Dieu! à jamais.

LEÇONS LATINES.

ORAISON DOMINICALE.

PA-TER nos-ter, qui es in cœ-lis, sanc-ti-fi-ce-tur no-men tu-um : ad-ve-ni-at reg-num tu-um : fi-at vo-lun-tas tu-a, si-cut in cœ-lo et in ter-ra : pa-nem nos-trum quo-ti-di-a-num da no-bis ho-di-è : et di-mit-te no-bis de-bi-ta nos-tra, si-cut et nos di-mit-ti-mus de-bi-to-ri-bus nos-tris : et ne nos in-du-cas in ten-ta-ti-o-nem ; sed li-be-ra nos à ma-lo. A-men.

SALUTATION ANGÉLIQUE.

A-ve, Ma-ri-a, gra-ti-â ple-na ; Do-mi-nus te-cum : be-ne-dic-ta tu in mu-li-e-ri-bus, et be-ne-dic-tus fruc-tus ven-tris tu-i, Je-sus. Sanc-ta Ma-ri-a, ma-ter De-i, ora pro no-bis pec-ca-to-ri-bus, nunc, et in ho-ra mor-tis nos-træ. A-men.

SYMBOLE DES APÔTRES.

Cre-do in De-um Pa-trem om-ni-po-ten-tem, Cre-a-to-rem Cœ-li et ter-ræ : et in Je-sum Chris-tum Fi-li-um e-jus u-ni-cum Do-mi-num nos-trum : qui con-cep-tus est de Spi-ri-tu Sanc-to, na-tus ex Mari-a Vir-gi-ne: Pas-sus sub Pon-ti-o Pi-la-to, cru-ci-fi-xus, mor-tu-us, et se-pul-tus; des-cen-dit ad in-fe-ros : ter-ti-â di-e re-sur-re-xit à mor-tu-is; as-cen-dit ad Cœ-los, se-det ad dex-te-ram De-i Pa-tris om-ni-po-ten-tis : in-de ven-tu-rus est ju-di-ca-re vi-vos et mor-tu-os.

Cre-do in Spi-ri-tum Sanc-tum, Sanc-tam Ec-cle-si-am Ca-tho-li-cam, Sanc-to-rum com-mu-ni-o-nem, re-mis-si-o-nem pec-ca-to-rum, car-nis re-sur-rec-ti-o-nem, vi-tam æ-ter-nam. A-men.

CONFESSION DES PÉCHÉS.

CONFITEOR Deo omnipotenti,

beatæ Mariæ semper Virgini, beato Michaëli Archangelo, beato Joanni Baptistæ, sanctis Apostolis Petro et Paulo, omnibus Sanctis, et tibi, Pater, quia peccavi nimis, cogitatione, verbo et opere; meâ culpâ, meâ culpâ, meâ maximâ culpâ. Ideò precor beatam Mariam semper Virginem, beatum Michaëlem Archangelum, beatum Joannem Baptistam, sanctos Apostolos Petrum et Paulum, omnes Sanctos, et te, Pater, orare pro me ad Dominum Deum nostrum. Amen.

PRIÈRES

AU COMMENCEMENT DE L'ÉCOLE.

VENI, Sancte Spiritus, reple

tuorum corda Fidelium, et tui amoris in eis ignem accende.

℣. Emitte Spiritum tuum et creabuntur.

℞. Et renovabis faciem terræ.

OREMUS.

Deus, qui corda fidelium Sancti Spiritûs illustratione docuisti : da nobis in eodem Spiritu recta sapere, et de ejus semper consolatione gaudere. Per Christum Dominum nostrum. ℞. Amen.

℣. Angelus Domini nuntiavit Mariæ,

℞. Et concepit de Spiritu Sancto.

Ave, Maria, etc.

℣. Ecce Ancilla Domini.

℟. Fiat mihi secundùm verbum tuum.

Ave, Maria, etc.

℣. Et Verbum caro factum est.
℟. Et habitavit in nobis.

Ave, Maria, etc.

℣. Ora pro nobis, sancta Dei Genitrix,
℟. Ut digni efficiamur promissionibus Christi.

OREMUS.

GRATIAM tuam, quæsumus, Domine, mentibus nostris infunde, ut qui Angelo nuntiante Christi filii tui incarnationem cognovimus, per passionem ejus et crucem ad resurrectionis gloriam perducamur. Per eumdem Christum Dominum nostrum. Amen.

Benedicite, ℟. Dominus: nos et ea quæ sumus sumpturi benedicat dextera Christi.

In nomine Patris, et Filii, et Spiritûs Sancti. ℟. Amen.

Agimus tibi gratias, Rex omnipotens Deus, pro universis beneficiis tuis; qui vivis et regnas in secula seculorum. ℟. Amen.

℣. Beata viscera Mariæ Virginis quæ portaverunt æterni Patris Filium. ℟. Amen.

℣. Divinum auxilium maneat semper nobiscum. ℟. Amen.

℣. Benedicamus Domino.

℟. Deo gratias.

℣. Fidelium animæ per misericordiam Dei requiescant in pace.

℟. Amen.

Pater noster, etc.

℣. Et ne nos inducas in tentationem;

℟. Sed libera nos à malo.

℣. Deus det nobis suam pacem;

℟. Et vitam æternam. Amen.

FIN

ON TROUVE CHEZ LE MÊME LIBRAIRE
LES OUVRAGES CI-APRÈS, A L'USAGE DES ECOLES.

INSTRUCTIONS et PRIÈRES pour la sainte Messe, augmentées des Vêpres du Dimanche, par M. de la Salle; gros caractère, carton. 8 s.

LES DEVOIRS d'un Chrétien, augmentés des Prières pour la Confession et pour la Communion, des Prières pour la Messe, des Vêpres du Dimanche, et de L'EXERCICE de PIÉTÉ, par M. de la Salle; belle édition, carton. 18 s.

BIBLE, ou HISTOIRES choisies de l'ancien et du nouveau Testament, par Lambert, Prêtre, Docteur en théologie: excellent ouvrage pour la jeunesse, 14 s.

EPITRES et EVANGILES des Dimanches et Fêtes de toute l'année, augmentés de ceux propres aux fêtes des Saints, de réflexions et collectes sur tous les Evangiles; de la Messe et des Vêpres du Dimanche; in-18 carton. 12 s.

RÉGLES de la BIENSÉANCE et de la CIVILITÉ CHRÉTIENNES par M. de la Salle: éd. conforme à celle de Paris, cart. 10 s.

GRAMMAIRE FRANÇAISE, suivie du dictionnaire des homonymes, etc., etc.; de l'arithmétique, de modèles de lettres, promesses, quittances, etc., carton. 12 s.

CATÉCHISME HISTORIQUE, augmenté; carton. 8 s.

www.ingramcontent.com/pod-product-compliance
Lightning Source LLC
Chambersburg PA
CBHW061015050426
42453CB00009B/1443